BEI GRIN MACHT SICH IHR WISSEN BEZAHLT

Christian Öhler

VoIP - Voice over Internet Protocol

GRIN Verlag

Bibliografische Information der Deutschen Nationalbibliothek:

Die Deutsche Bibliothek verzeichnet diese Publikation in der Deutschen National-
bibliografie; detaillierte bibliografische Daten sind im Internet über http://dnb.d-
nb.de/ abrufbar.

Impressum:

Copyright © 2003 GRIN Verlag GmbH
Druck und Bindung: Books on Demand GmbH, Norderstedt Germany
ISBN: 978-3-656-56142-2

Dieses Buch bei GRIN:

http://www.grin.com/de/e-book/22018/voip-voice-over-internet-protocol

GRIN - Your knowledge has value

Der GRIN Verlag publiziert seit 1998 wissenschaftliche Arbeiten von Studenten, Hochschullehrern und anderen Akademikern als eBook und gedrucktes Buch. Die Verlagswebsite www.grin.com ist die ideale Plattform zur Veröffentlichung von Hausarbeiten, Abschlussarbeiten, wissenschaftlichen Aufsätzen, Dissertationen und Fachbüchern.

Besuchen Sie uns im Internet:

http://www.grin.com/

http://www.facebook.com/grincom

http://www.twitter.com/grin_com

VoIP – Voice over Internet Protocol

Studienarbeit

für die

Prüfung zum Diplom-Wirtschaftsinformatiker (BA)

im Ausbildungsbereich

Wirtschaft

Fachrichtung: Wirtschaftsinformatik

der

Berufsakademie Karlsruhe

von

Name: Christian Öhler

Abgabedatum: 10.11.2003

Inhaltsverzeichnis

0. Einführung

In dieser Studienarbeit werde ich mich mit dem Thema Voice over Internet Protocol (VoIP) beschäftigen. VoIP stellt eine relativ neue Form der Telekommunikation dar. Sie kann als Alternative zur herkömmlichen klassischen TK-Anlage betrachtet werden. Bei dieser Form der Sprachübertragung nutzt man das in den meisten Unternehmen bereits bestehende Computernetzwerk (LAN[1]) zusätzlich noch zur Übertragung von Sprache, Daten und anderen Mehrwertdiensten. Die Daten werden hierbei im LAN mit Hilfe des IP-Protokolls (siehe 3.1.) übertragen. Im Folgenden werde ich nun das Thema weiter erläutern, Vor- und Nachteile gegenüber dem klassischen Netz ansprechen und einen Ausblick geben, wie die Chancen für VoIP auf dem TK-Markt stehen.

1. Allgemeines

1.1. Entstehungsgeschichte

Die erste Version des für VoIP grundlegenden Standards H.323[2] wurde im Mai 1996 von der International Telecommunication Union (ITU[3]) verabschiedet. Mit dieser Version war ein Übergang von VoIP ins traditionelle Telefonnetz noch nicht möglich. Es war also keine Verbindung von einem VoIP-Anschluss zu einem Anschluss im herkömmlichen Netz möglich. Dies verbesserte sich mit der Version 2, die im Januar 1998 veröffentlicht wurde. Seitdem gab es noch mehrere neue Versionen, die alle diverse Verbesserungen enthalten. Heute ist z.B. der Versand von Faxen möglich, die Sprachqualität und die Komfortfunktionen (Quality of Service[4]) haben sich deutlich verbessert und auch die Stabilität und die Sicherheit sind gestiegen.

1.2. Funktionalitäten

Mittlerweile erfüllt die VoIP-Technik die meisten der Möglichkeiten, die die traditionelle Telefonie bietet. Der Bedienungskomfort ist durch die grafische Oberfläche am PC sogar höher als bei traditionellen Telefonen. Wer nicht mit dem PC arbeiten will, kann auch weiterhin mit normalen VoIP-tauglichen Telefonen arbeiten. Im Moment ist VoIP trotzdem noch nicht allzu weit verbreitet. Dies liegt wohl daran, dass viele Verantwortliche immer noch denken, die Sprachqualität sei zu schlecht und der Umstieg zu kompliziert oder zu teuer.

Dabei kann bei Anrufen aus dem herkömmlichen ISDN-Netz durch VoIP heute schon ein höherer Komfort erreicht werden. Wird bei einem Anruf die Nummer des Anrufenden erkannt und z.b. in den Outlook-Kontakten des Angerufenen gefunden, so können ihm in einem Popup-Fenster gleich die Informationen zu dem Gesprächspartner am PC angezeigt werden. Er hat somit sofort alle Daten des Kunden parat und es ist eine erhebliche Zeiteinsparung möglich.

Auch die bekannten Funktionen der Mailbox können komfortabler genutzt werden. So können über die Konfigurationssoftware verschiedene Einstellungen für unterschiedliche Mailbox-Ansagen getätigt werden. Man kann so diverse Zeitspannen mit unterschiedlichen Mailbox-Ansagen belegen. Dadurch kann z.b. eine Unterscheidung getroffen werden zwischen der Arbeitszeit und Zeiten in denen der Arbeitsplatz nicht besetzt ist. Genauso kann auch zwischen internen und externen Anrufen unterschieden werden. Spricht dann ein Anrufer auf die Mailbox des Telefons, so erscheint die Nachricht im Outlook-Posteingang als Audio-Datei. Diese Datei kann nun angehört und bei Bedarf weiterversendet werden. Gerade bei Mitarbeitern die oft unterwegs sind und über das Internet auf ihr Firmen-Postfach zugreifen können, ist somit das Abhören der Mailbox deutlich komfortabler. Natürlich kann die Nachricht auch weiterhin über das Telefon abgehört werden.

Diese Funktion ist aber nur eine von mehreren, die das Unified Messaging[5] (UM) umfasst. Beim Unified Messaging landen alle per Telefon, Fax oder Datenleitung ankommenden Nachrichten in einer gemeinsamen Mailbox. Von dort sind sie dann wahlweise per Telefon, Fax, E-Mail, Internet-Browser oder WAP-Handy abrufbar. Somit können auch Faxe empfangen werden, obwohl man selbst kein Faxgerät besitzt. Man kann über die Konfigurationssoftware eine Nummer für den Fax-Anschluss bestimmen, welche dann als virtuelles Faxgerät dient. Eingehende Faxe werden dann, ähnlich wie die Voice-Nachrichten, als .gif- oder .tiff-Anhang per e-mail versendet. Zusätzlich gibt es die Möglichkeit, sich per SMS über wichtige neu eingegangene Nachrichten informieren zu lassen, wenn man sich nicht am Arbeitsplatz befindet.

1.3. Ziele

Mittelfristig wird das Ziel der VoIP-Entwickler wohl die Etablierung im Firmen- und Geschäftskundenbereich sein. Langfristig soll VoIP auch im Privatkundenbereich mit den klassischen Netzen gleichziehen können. Vielleicht wird VoIP irgendwann die traditionelle Telefonie ganz ablösen. Davor sind aber noch einige Probleme zu lösen und es bleibt abzuwarten, ob sich die Technik wie gewünscht durchsetzen kann. VoIP bietet eine Unmenge an denkbaren Funktionalitäten. Es ist z.B. vorstellbar, dass man auf Webseiten interaktive Icons einrichtet, mit denen man ohne eine Nummer zu wählen automatisch eine Telefonverbindung zu einem Ansprechpartner im Call-Center herstellen kann. Ist der Kunde bekannt, so können über seine IP-Adresse automatisch die Kundendaten geladen werden und eine Verbindung mit dem für ihn zuständigen Call-Center-Agenten hergestellt werden. Der Agent bekommt nun alle relevanten Daten des Anrufers und kann dessen Anfrage schneller und effektiver bearbeiten.

Mittlerweile werden schon Telefone entwickelt, die Roaming[6] zwischen Firmen-WLAN[1] und Handynetz beherrschen. So kann man innerhalb des WLANs über das VoIP-Netz der Firma telefonieren und beim Verlassen des WLAN-Bereichs automatisch ins Handynetz wechseln. Solch ein Gerät wird zur Zeit von Motorola und NEC entwickelt[*1]. Eine Markteinführung eines solchen Telefons würde für eine weitere Erhöhung der Mobilität sorgen.

Auch Microsoft will in seinem neuen Handheld-Betriebssystem die Unterstützung für VoIP einführen. Mit ihm könnte man dann mobile Geräte wie PDAs mit Headset als IP-Telefon nutzen, sofern die Chiphersteller ebenfalls eine VoIP-Unterstützung integrieren. Toshiba will einen VoIP-tauglichen PDA Ende des Jahres 2003 auf den Markt bringen.[*2]

[*1] Computerwoche 06.08.03
[*2] Computerwoche 01.10.03

2. Vergleich klassische Sprachnetze ↔ VoIP

In diesem Abschnitt soll ein Vergleich zwischen klassischen Sprachnetzen und Voice over IP hinsichtlich Funktionsweise und Qualität aufgestellt werden.

2.1. Klassische Sprachnetze

2.1.1. Funktionsweise

In den meisten Unternehmen bestehen heute zwei unterschiedliche Netze. Zum einen das Telefonnetz und zum anderen das Computer-Netzwerk (LAN).

Da die Telefonie trotz e-mail weiterhin sicherlich eine der wichtigsten Applikationen eines Unternehmens (mission critical) ist, vertrauen die Verantwortlichen in den Firmen oftmals dem Bewährten. Hier hat sich das herkömmliche Telefonnetz über Jahre hinweg etabliert und bietet einen ausreichenden Bedienkomfort und vor allem eine sehr hohe Ausfallsicherheit. Auch die Sprachqualität erfüllt einen hohen Standard.

Die heute verwendeten TK-Netze weisen folgende Topologie auf:

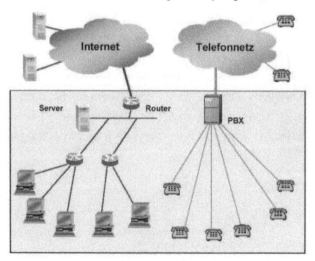

Abb. 2.1: PC-LAN und klassische TK-Anlage

Die lokalen Benutzer sind alle an einen jeweiligen Netzknoten, die TK-Anlage, angeschlossen. Diese Netzknoten sind ihrerseits an Knoten mit überregionaler Funktion angeschlossen, welche dann untereinander verbunden sind.

Das klassische Telefonnetz etabliert also bei jedem Verbindungsaufbau eine Ende-zu-Ende-Verbindung mit einer festen Übertragungsrate (64 kbit/s).

Parallel zum Telefonnetz besteht ein zusätzliches Netzwerk zur Datenübertragung.

2.1.2. Qualitätsstandards, Sicherheit, Stabilität

Das klassische Netz in Deutschland erfüllt einen sehr hohen Standard hinsichtlich der Sprachqualität, der Stabilität und der Sicherheit. Auch der Funktionsumfang ist recht groß. Funktionen wie

- Rufnummernübermittlung
- Anklopfen
- Anrufweiterschaltung
- Telefonkonferenzen
- Anruf halten
- Einrichten von Benutzergruppen
- ...

stehen heutzutage mit einem ISDN-Anschluss zur Verfügung. Allerdings ist die Bedienung der Telefone um diese Funktionen zu nutzen teilweise etwas kompliziert, da die Steuerung meist über ein kleines oder ganz ohne grafisches Display erfolgt.

2.2. Voice over IP

Durch das Einrichten einer IP-TK-Anlage entfällt eines der beiden Netze in einem Unternehmen. Ein separates TK-Netz wird hinfällig, da die Telefonie über das bereits bestehende Firmen-LAN abgewickelt wird.

2.2.1. Funktionsweise

Bei der Telefonie über VoIP (auch IP-Telefonie genannt) wird das Datennetz der Firma genutzt, um zusätzlich Sprache zu übertragen. Hierbei wird die Sprache in Datenpakete umgewandelt und mit Hilfe des IP-Protokolls wie normale Daten übertragen. In das Netzwerk wird hierbei ein Gateway[7] eingebaut, das für die Übersetzung von Standards und Protokollen zuständig ist. Außerdem leitet es Anrufe in und aus dem öffentlichen Telefonnetz weiter. Die Telefone sind nun nicht mehr an einen Telefonanschluss angeschlossen, sondern werden mittels einer internen LAN-Schnittstelle in das LAN integriert. Der Anschluss eines Telefons ist also denkbar einfach und wie bei einem normalen PC-Arbeitsplatz vorzunehmen. Zusätzlich ist im Netz noch ein Gatekeeper[8] vorhanden. Ein typischer Ablauf der Verbindung funktioniert wie folgt:

- Der Benutzer initiiert einen Verbindungsaufbau (über das Telefon oder über ein Softphone)
- Der Gatekeeper empfängt den Verbindungswunsch und leitet ihn über den Switch/Router an das Gateway weiter
- Das Gateway übersetzt die Verbindungs- und später die Sprachdaten, leitet sie in das öffentliche Netz weiter und baut die Verbindung auf und ab

Abb. 2.2 zeigt den Aufbau eines VoIP-Netzes:

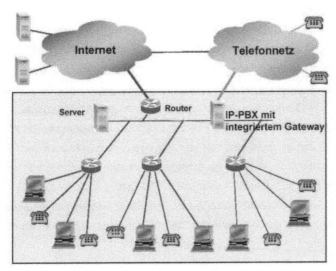

Abb. 2.2: Aufbau eines IP-PBX[9]-Netzes

2.2.2. Qualitätsstandards, Sicherheit, Stabilität

In der Anfangszeit von VoIP waren Sprachqualität und Stabilität der Verbindung die großen Nachteile gegenüber klassischen TK-Anlagen. Mittlerweile hat sich der VoIP-Standard aber so stark weiterentwickelt, dass kaum noch ein Unterschied zur Sprachqualität im alten TK-Netz besteht. Ein Zeichen für den gestiegenen Qualitätsstandard ist die Liste der Firmen die – teilweise oder ganz – auf VoIP umgestellt haben. Darunter befinden sich Namen wie Motorola, die Daimler-Chrysler Bank AG oder Cisco Systems. Bei einer Umfrage unter 400 Firmen gaben 9 % an, bereits VoIP zu nutzen, weitere 14 % planen eine Einführung bis Ende 2004.

Auch die großen Anbieter von TK-Anlagen wie Alcatel oder Siemens setzen bei der Weiterentwicklung ihrer Telefonieplattformen auf die IP-Technologie.

Die konsequente und rasante Weiterentwicklung im Informatik-Sektor trägt zusätzlich dazu bei, die VoIP-Technik stabiler zu gestalten. So sind durch Fast Ethernet oder sogar Gigabit Ethernet Bandbreitenprobleme so gut wie ausgeschaltet. In

Verbindung mit Techniken, die dem Sprachverkehr gegenüber dem „normalen" Datenverkehr im LAN Vorfahrt einräumen, dürften Paketverluste und somit Fehler in der Sprachübertragung minimiert werden. Solche Paketverluste wurden hauptsächlich durch hohe Latenz (Sprachverzögerung) verursacht. Diese entsteht dadurch, dass aus den Sprachdaten zum Transport IP-Pakete gebildet werden müssen. Bis zu einer Latenz von 200 ms ist von einer guten Qualität die Rede. Ab ca. 400 ms Verzögerung, ist eine deutliche Beeinträchtigung des Telefongesprächs vorhanden. Die Übertragung der Sprache von einem Gesprächspartner zum anderen dauert dann so lange, dass sich die beiden unabsichtlich gegenseitig ins Wort fallen würden. Das Ziel muss es also sein, die Verzögerung dauerhaft kleiner 200 ms zu etablieren. Durch die schon angesprochenen hohen Bandbreiten in modernen Netzen wird dieses Ziel immer realistischer. Die Quality of Service (QoS) ist also in den letzten Jahren erheblich gesteigert worden. Es ist weiterhin davon auszugehen, dass zur Steigerung der Attraktivität die Technik stetig weiterentwickelt werden wird.

Ein weiteres Problem sind unterschiedliche Verzögerungszeiten (Jitter) der einzelnen Pakete. Diese sind bedingt durch verschiedene Wege und unterschiedliche Wartezeiten im Router. Die Pakete kommen dann nicht mehr in der richtigen Reihenfolge an. Vermieden werden kann dies durch den sogenannten Jitter-Buffer (Abb. 2.3). Mit Hilfe dieses Puffers wird sichergestellt, dass alle Pakete mit der gleichen Zeitverzögerung weiterverarbeitet werden. Die Pakete bekommen einen Zeitstempel durch den die Verzögerungszeit der Pakete ermittelt werden kann. In dem Jitter-Buffer werden nun die Pakete alle auf eine bestimmte Zeitspanne aufgefüllt, so dass die Verzögerung bei allen Paketen gleich ist.

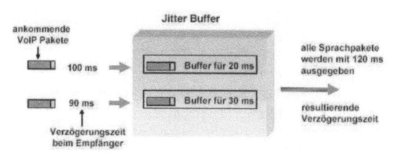

Abb. 2.3: Funktionsweise eines Jitter-Buffers

2.3. Vor- und Nachteile

Bei der Entscheidung für oder gegen eine IP-Telefonanlage gilt es diverse Vor- und Nachteile gegenüber den klassischen Anlagen abzuwägen. Die wichtigsten Vergleichspunkte sind wohl der Kostenaspekt, etwaige Unterschiede in Qualität und Sicherheit und der Bedienkomfort.

2.3.1. Kostenvergleich

Früher wurde als häufigster Grund zum Umstieg auf VoIP der Kostenaspekt genannt. Nach der Liberalisierung des TK-Marktes sind allerdings die Kosten für Nah- und Ferngespräche deutlich gesunken. Somit bieten die Verbindungskosten, wenn überhaupt, nur noch ein geringes Einsparpotenzial. Allenfalls bei Telefonaten von einem Firmensitz zum anderen, ist eine Reduzierung der Verbindungskosten möglich. Allerdings auch nur dann, wenn beide an das gleiche Netzwerk angeschlossen sind (z.B. über eine VPN[10]-Verbindung).

Beachtet werden muss auch, dass eine IP-TK-Anlage neu angeschafft werden muss, während eine herkömmliche meist schon vorhanden ist. Hierbei könnte der IP-Telefonie behilflich sein, dass laut einiger unabhängiger Experten in den nächsten beiden Jahren viele Leasing-Verträge von TK-Anlagen auslaufen. Hier stehen die Firmen dann vor der Wahl, ob sie bei der herkömmlichen, bewährten Technologie bleiben oder den Schritt zur IP-Telefonie wagen. Ein Unterschied bei den Kosten wäre in diesem Fall gering.

Die eventuellen Mehrkosten bei der Anschaffung einer VoIP-Anlage könnten sich überdies mit der Zeit amortisieren. Bei Pflege und Wartung der Anlage ist ein erhebliches Potenzial zur Einsparung vorhanden. Dadurch, dass es nur noch ein Netz gibt, entfallen separate Techniker für das TK-Netz. Da diese Techniker in kleinen und mittelgroßen Unternehmen meist externe Berater waren, kann hier eine beträchtliche Summe gespart werden. Der Support kann zukünftig durch die eigenen Mitarbeiter der IT-Abteilung gewährleistet werden.

Auch bei einem Neubau ist zu bedenken, dass bei Einsatz der VoIP-Technik das verlegen separater Kabel für die Telekommunikation entfällt. Es genügt, die Kabel für das Firmen-LAN zu verlegen.

2.3.2. Qualitätsunterschiede

Ein Unterschied in der Sprachqualität ist praktisch nicht mehr festzustellen. Wie bereits angesprochen, ist die Qualität von VoIP durch immer schnellere Netzwerke in den letzten Jahren stetig gestiegen. Allerdings ist das VoIP-Netz immer noch störungsanfälliger als das traditionelle Telefonnetz. Dies kommt vor allem durch die unterschiedlichen Netzlasten, die während eines Tages in einem Firmen-LAN auftreten. Dort zeigt sich ein negativer Aspekt bei der Verwendung des IP-Protokolls. Seine ursprüngliche Aufgabe ist nämlich nur die Vermittlung der Daten an die richtige Adresse. Weder die Synchronität noch die Laufzeit der Pakete kann garantiert werden. Bei zu hoher Netzlast kann es daher vorkommen, dass zu sendende Pakete verworfen werden. Dies stellt bei normalen Daten kein Problem dar, da in diesem Fall das TCP[11] (Transmission Transport Protocol) dafür sorgt, dass die verlorenen Pakete erneut gesendet werden und eine Anwendung ggf. auf deren Eintreffen wartet. Es tritt also keine Beeinträchtigung auf. Anders ist das bei zu übertragenden Sprachdaten. Bei einer Sprachkommunikation regelt das UDP[12] (User Datagram Protocol), dass fehlende Pakete übergangen werden. Wird also nicht explizit eine bestimmte Bandbreite für die Sprachdaten der IP-Telefonie reserviert (was eine Verminderung der fehlenden Pakete zur Folge hätte), so kann es zu hörbaren Aussetzern (Drop Outs) kommen, und die Sprache würde nur noch „zerhackt" beim Gesprächspartner ankommen. Solche Probleme können auftreten, wenn die Verzögerung (Latenz) größer als 400 ms wird (Abb. 2.4). Die Sprachpakete werden nun nicht mehr schnell genug übertragen und die Sprache wird schwer verständlich. Deshalb ist es immer ratsam, bei der Konfiguration des Netzwerks zu beachten, dass immer eine ausreichende Kapazität für die Sprachdaten zur Verfügung gestellt wird.

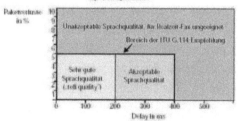

Abb. 2.4: ITU-Empfehlung zur Sprachqualität

2.3.3. Bedienkomfort

Der Bedienkomfort spricht eindeutig für die neue IP-Telefonie. Während bei den herkömmlichen Telefonen die Steuerung über ein kleines Display am Telefon erfolgt, kann das IP-Telefon durch die Anbindung an den PC mit entsprechender Software (Abb. 2.5) komfortabel über eine grafische Oberfläche gesteuert und konfiguriert werden. Bei den meisten Softclients[13] ist diese Oberfläche auch noch leicht den eigenen Bedürfnissen anzupassen Die Firma Swyx bietet z.B. eine Vielzahl von verschiedenen Skins auf ihrer Homepage zum Dowonload an.

Auch die Steuerung der neuen TK-Anlage ist deutlich einfacher. Es handelt sich schließlich in den meisten Fällen um einen Windows 2000-Server, auf dem verschiedene Programme laufen. Nach einer kurzen Einführung der Hersteller-Firma kann dieser im Normalfall durch die Mitarbeiter der IT-Abteilung bedient werden.

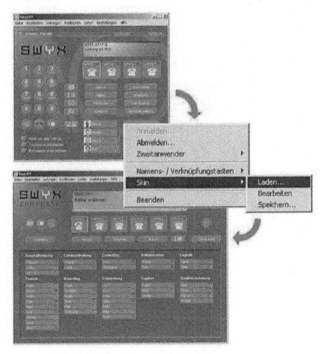

Abb. 2.5: IP-Softclient der Firma Swyx

3. Technische Umsetzung von VoIP

3.1. Das IP-Protokoll

Das IP-Protokoll bezeichnet eigentlich eine ganze Protokoll-Familie. Es besitzt zahlreiche Hilfsprotokolle, mit denen eine Kommunikation via IP erst möglich wird. Einzuordnen ist das IP-Protokoll auf Schicht 3 (Vermittlungsschicht) des OSI-Referenz-Modells. Dieses Modell beschreibt den Ablauf der Kommunikation in einem Ethernet-Netzwerk. Dort ist das Adressieren von Rechnern und das Fragmentieren von Paketen der darrüberliegenden Schicht seine Hauptaufgabe. Es gibt **keine** Garantie über die Zuverlässigkeit der Übertragung. Diese Zuverlässigkeit wird im ISO/OSI-Modell durch das TCP-Protokoll auf der nächst höheren Schicht gewährleistet. Da TCP allerdings einen zu großen Overhead verursachen und den Prozess erheblich verlangsamen würde, wird bei der Übertragung von Sprach- und Video-Daten nicht TCP sondern UDP verwendet. Allerdings arbeitet UDP ebenso verbindungslos. IP bietet bei der Sprachübertragung also nur einen unzuverlässigen, verbindungslosen Dienst an. Dies ist hier sehr bedenklich, da verlorene Pakete verheerende Auswirkungen auf die Sprachqualität haben können. Trotzdem wird IP für die Netzwerktelefonie benutzt. Der Grund dafür ist, dass die gesamte Kommunikation im Internet über das TCP/IP-Protokoll abläuft, da es relativ einfach aufgebaut ist (Abb. 3.1).

Abb. 3.1: Aufbau eines IP-Pakets

3.2. Standards

Im Wesentlichen gibt es zwei konkurrierende Standards bei der Realisierung von VoIP. Zum einen ist dies das H.323-Protokoll, welches eine von der ITU[3] anerkannte Spezifikation für die Übertragung von Multimedia-Daten ist. Das zweite anerkannte Protokoll ist das SIP[14] (Session Initiation Protocol), das von der IETF[15] entwickelt wurde und einen deutlich einfacheren Ansatz als H.323 darstellt.

3.2.1. H.323

3.2.1.1. Die Komponenten des H.323-Protokolls

Zu den Komponenten des H.323-Standards gehören:

- Terminals
- Gateways
- Gatekeepers
- MCUs

Diese unterschiedlichen Komponenten kommunizieren mittels so genannter Information Streams miteinander. Diese Streams gibt es für Video-, Audio-, Daten-, Verbindungs- und Call-Überwachung.

Die Übertragung von Sprache und Bild wird nach dem Codec-Verfahren durchgeführt. Hierbei gibt es den Video- und den Audio-Codec. Durch CODEC (COmpression/DECompression) wird dabei trotz geringer Bandbreite eine exzellente Sprach- bzw. Bildqualität erreicht.

Die Terminals verkörpern die Endgeräte und sollten über eine System Control Unit, den H.225.0 Layer, die Netzwerkschnittstelle und die Audio-Codec Unit verfügen. Hierbei bietet die Systemsteuereinheit Signalisierung für geeignete Operationen des H.323-Terminals, der Audio-Codec kodiert und dekodiert die Sprachsignale und der H.225.0 Layer formatiert die zu übertragenden Bild-, Sprach-, Daten- und Steuerströme in Nachrichten für die Ausgabe an die Netzwerkschnittstelle (und formatiert die empfangenen Nachrichten wieder in ihr ursprüngliches Format zurück).

Das H.323 Gateway realisiert den Übergang zwischen einem Datennetz und dem herkömmlichen Telekommunikationsnetz. Die genauen Aufgaben eines Gateways sind hauptsächlich die interne Übersetzung von Protokollen und die Konvertierung der Sprachsignale für die erforderliche Paketierung bzw. Depaketierung. Gateways besitzen Schnittstellen sowohl für das Daten-LAN (Ethernet-Schnittstellen) als auch für das öffentliche Telefonnetz (analog und ISDN).

Der Gatekeeper nimmt eine zentrale Stellung ein. Er bietet zum einen Management-Möglichkeiten, so dass H.323-Applikationen andere Anwendungen nicht beeinträchtigen. Zum anderen ist er für die Adressumwandlung (Telefonnummer zu IP-Adresse) bei einem Verbindungswunsch zuständig. Zusätzlich regelt er noch die Vergabe der Bandbreite, die Erfassung von Abrechnungsdaten und die Ruf-Autorisierung (Genehmigung). Zusammen mit dem Gateway ersetzt der Gatekeeper das System der klassischen TK-Anlage.

Die MCU (Multipoint Control Unit) wird notwendig, sobald eine Konferenzschaltung zwischen mehreren Benutzern gewünscht wird. Sie unterstützt sowohl Audio- als auch Video-Konferenzen. Während einer solchen Konferenz stellen alle Teilnehmer eine Verbindung zu der MCU her und diese koordiniert dann den Ablauf des Gesprächs, d.h. sie bestimmt welche Audio/Video-Daten wohin übertragen werden.

3.2.1.2. Subprotokolle

Wie bereits angesprochen, ist H.323 ein Sammelbegriff für eine ganze Protokoll-Familie. Die meisten der Unter-Protokolle sind dabei für ein ganz spezielles Leistungsmerkmal der IP-Telefonie verantwortlich. Solche Protokolle mit den entsprechenden Merkmalen sind z.B.:

- H.235   zuständig für die Sicherheit
- T.38   Integration von Fax
- E.164   Umsetzung von internationalen Rufnummern
- H.225   Kontrolle des Netzwerks; beschreibt Signalisierungsprotokolle
- H.245   überwacht die Stabilität der Verbindung
- H.450   bildet die Leistungsmerkmale von ISDN auf IP ab

3.2.1.3. Kommunikationsablauf mittels H.323

H.323 verwendet zur Kommunikation sowohl gesicherte als auch ungesicherte Kanäle. Wie bereits erwähnt, werden die Sprach- und Video-Daten mittels UDP übertragen. Hierbei steht die Geschwindigkeit im Vordergrund. Die Tatsache, dass gesendete Pakete verloren gehen können, wird hierbei in Kauf genommen. Zumal diese Mängel durch verschiedenen Komponenten minimiert werden können.

Zur Übertragung der Sicherungsalgorithmen wird dagegen TCP verwendet. Diese Daten dürfen nicht verloren gehen und müssen auf der Gegenseite auch in der richtigen Reihenfolge ankommen, um eine erfolgreiche Verbindung zu gewährleisten.

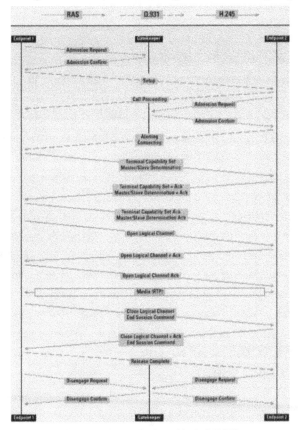

Abb. 3.2: Kommunikationsablauf mit H.323

Der erste Schritt für eine Kommunikation über H.323 ist der Verbindungsaufbau (Call Signalling). Dieser Schritt geht von dem Terminal aus, das eine Verbindung aufbauen will. Das Terminal fordert dazu vom Gatekeeper die Erlaubnis zum Aufbau der Verbindung an (Admission Request). Dies geschieht in der Regel über einen RAS-Channel. Erfolgt nun die Genehmigung (Admission Confirm), so sendet das Terminal den Setup-Befehl über Q.931[16] an das zweite Endgerät. Damit wird der Verbindungswunsch an das gewünschte Terminal übermittelt. Ist das zweite Terminal zur Zeit frei, so kann es den Verbindungswunsch annehmen und an Terminal 1 - ebenfalls über Q.931 - die Bestätigung für den Aufbau der Verbindung senden.

Bevor nach erfolgreicher Initiierung der Verbindung die eigentlichen Sprachdaten übertragen werden, findet über H.245 ein Austausch von zusätzlichen Informationen zwischen den Terminals statt. Über den Befehl Terminal Capability Set wird zunächst ermittelt, inwieweit die Terminals in der Lage sind, Multimediadaten zu senden und zu empfangen. Weiterhin wird festgelegt, welches Terminal bei der Verbindung die übergeordnete Rolle spielen soll. Von diesem Terminal (Master) gehen im Folgenden alle Systembefehle aus. So bestimmt das Master-Terminal wann der logische Kanal zum Senden der Daten geöffnet und wann er wieder geschlossen wird. Zum Öffnen sendet es den Open Logical Channel-Befehl an das Slave-Terminal, welches den Befehl dann mit einem Acknowledge-Signal bestätigt. Nach erneuter Bestätigung durch das Master-Terminal ist der Kanal nun geöffnet und es können via RTP[17] Sprachdaten übermittelt werden. Nach Beenden des Gesprächs wird das Schließen des logischen Kanals erneut vom Master-Terminal initiiert. Es wird der Close Logical Channel-Befehl und der End Session Command-Befehl zum Beenden der Sitzung gesendet. Nachdem das Acknowledge-Signal vom Slave-Terminal eingegangen ist, kann nun mit der Meldung Release Complete der logische Kanal wieder für neue Verbindungen freigegeben werden. Beide Terminals melden sich nun über den RAS[18]-Channel beim Gatekeeper ab, welcher dies mit einer Confirm-Meldung bestätigt.

3.2.2. Session Initiation Protocol (SIP)

Der von der IETF entwickelte SIP-Standard gilt als der weniger komplexe der beiden anerkannten Standards. Da er nicht wie H.323 aus dem Telekommunikationsbereich sondern aus der IP-Welt stammt, ist er an die Einfachheit und Interoperabilität des IP-Protokolls angepasst.

3.2.2.1. Kommunikationsablauf mittels SIP

SIP ist ein Client-Server-Protokoll. Dies bedeutet, dass grob gesehen ein Client einen Dienst anfordert und diesen von einem Server geliefert bekommt. Zur Adressierung werden URLs[19] der Form user@host verwendet. Der Verbindungsaufbau ist textbasiert, ähnlich wie bei e-mail oder HTTP-Diensten. Da SIP auch die mobile Kommunikation unterstützt, werden diesem Standard von den meisten Experten gute Chancen für die Zukunft bescheinigt.

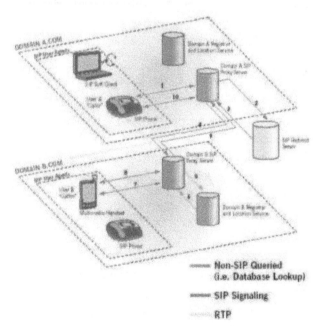

Abb. 3.3: Kommunikationsablauf mit SIP

Ein SIP-System verfügt über zwei verschiedene Hauptkomponenten:

- den UA (User Agent)
- den Netzwerk-Server

Der UA verfügt über einen UAC (User Agent Client) und einen UAS (User Agent Server) und ist vergleichbar mit dem H.323-Terminal. Den Netzwerk-Server kann man vergleichen mit dem Gatekeeper beim H.323-Protokoll. Vereinfacht betrachtet entsteht eine Verbindung beim SIP, indem ein Client eine Verbindungsanforderung an den Netzwerk-Server sendet, von dem die Adresse des gewünschten Partners bekommt und dann die Verbindung direkt mit dem Partner initiiert.

Zur Kommunikation zwischen zwei SIP-Servern stehen nur zwei Message-Typen zur Verfügung: Request (Anforderung) und Response (Antwort). Beide enthalten dann noch bestimmte Methoden, die entweder die gewünschte Aktion kennzeichnen oder das Ergebnis der Anforderung enthalten. Die Methoden von Request sind:

- _INVITE: lädt User zu Gesprächen ein und baut Verbindung auf
- _OPTIONS: transportiert Informationen über gewünschte Dienste
- _ACK: Acknowledge-Befehl zur Annahme des Verbindungswunsches
- _CANCEL: beendet die Suche nach einem Teilnehmer
- _REGISTER: übermittelt Informationen zum Aufenthaltsort des Teilnehmers
- _BYE: beendet die Verbindung zwischen zwei Teilnehmern

Die Response-Message beinhaltet folgende Varianten:

- 1xx: Request Received, Anfrage wird bearbeitet
- 2xx: Success, Aktion wurde erfolgreich erhalten und verstanden
- 3xx: Redirection, weitere Informationen zur Verarbeitung notwendig
- 4xx: Client Error, Request kann nicht ausgeführt werden (z.B. falsche Syntax)
- 5xx: Server Error, der Server war nicht in der Lage den Request auszuführen
- 6xx: Global Failure, Request konnte auf keinem der Server ausgeführt werden

Grundsätzlich gibt es zwei verschiedene Arten des Call-Handlings. Zum einen den Proxy Mode und zum anderen den Redirect Mode.

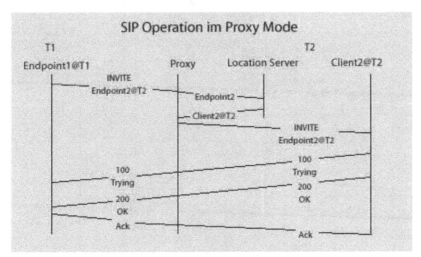

Abb. 3.4: Call Handling im Proxy-Mode

Im Proxy-Mode (Abb. 3.4) wird vom Ausgangs-Teilnehmer (T1) ein Verbindungswunsch (INVITE) an den entsprechenden Proxy gesendet. Von dort wird der INVITE an den Location Server weitergeleitet, welcher nun die richtige Adresse an den Proxy zurück übermittelt. Dieser schickt die Einladung dann zu dem eigentlichen Empfänger (T2). T2 meldet mit Request Received (100), dass die Anforderung erhalten wurde und weiterbearbeitet wird. Nach erfolgreichem Verbindungsversuch wird eine Success-Meldung (200) an den Proxy gesendet, der beide Meldungen jeweils an T1 weiterleitet. Hat T1 die Erfolgsmeldung erhalten, schickt es die Bestätigung an den Proxy, von wo sie wiederum an T2 weitergeleitet wird. Nun steht die Verbindung zwischen T1 und T2. Es kann also mit der Datenübertragung begonnen werden. Wie bei H.323 wird auch bei SIP zur Übermittlung der Sprachpakete das RTP verwendet.

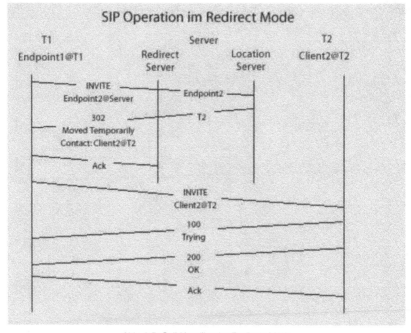

Abb. 3.5: Call Handling im Redirect-Mode

Im Redirect-Mode (Abb. 3.5) wird unterschieden zwischen den Teilnehmern und den Servern. Der initiierende Teilnehmer (T1) sendet den Request an den Redirect-Server. Dieser fordert vom Location-Server die genaue Adresse des gewünschten Partners an und schickt sie an T1. Der bestätigt den Empfang mit dem Acknowledge gegenüber dem Redirect-Server und schickt ein INVITE direkt an den gewünschten Teilnehmer (T2). Nun folgt wie im Proxy-Mode die Empfangsbestätigung und die Success-Meldung. Dies geschieht allerdings direkt zwischen beiden Teilnehmern und nicht über einen Proxy. Nach einer Bestätigung von T1 können nun die Daten übertragen werden.

3.2.3. Unterschiede H.323 ↔ SIP

Der grundlegendste Unterschied ist die Herkunft der beiden Standards. Während H.323 aus der TK-Welt kommt, entstammt SIP der IP-Welt. Daher ist H.323 auch eher an ISDN angelehnt und SIP an internettypische Standards und Festlegungen. So sind die Adressen bei SIP im URL-Format, so dass man anstatt der Telefonnummer z.B. auch die e-mail-Adresse des gewünschten Gesprächspartners zur Initiierung einer Verbindung verwenden kann. Dank seiner Offenheit ermöglicht es SIP standardkonforme Erweiterungen und Zusatzfunktionen zu implementieren. Dies ist bei H.323 aufgrund seines starren Aufbaus meist nur proprietär möglich.

Ein großer Vorteil von H.323 ist allerdings die hohe Verbreitung. Die meisten VoIP-Lösungen beruhen auf der H.323-Technik. Der Grund dafür ist aber nicht etwa, dass diese Technik besser ist, sondern ganz einfach die Tatsache, dass sie früher auf dem Markt war. SIP ist hier aber deutlich auf dem Vormarsch, und viele neue Systeme basieren auf dem simpleren Standard.

Dem reinen Anwender wird es wahrscheinlich relativ egal sein, auf welcher Technik seine VoIP-Anlage basiert. Solange die gewünschten Funktionen unterstützt werden und auch zuverlässig funktionieren, wird er keinen Unterschied zwischen H.323 und SIP feststellen.

Bei der Entscheidung zwischen den beiden Standards sollte ein Unternehmen allerdings nicht nur auf den Funktionsumfang achten. Dieser ist bei beiden Techniken (was die Grundfunktionen angeht) relativ gleich. Für ein Unternehmen, das mit dem Gedanken spielt, auf eine IP-PBX[9] umzusteigen, sollte auch die Flexibilität in der Zukunft eine Rolle bei der Entscheidung spielen. Hier ist SIP deutlich im Vorteil, da diese Technik die Abhängigkeit von herstellerspezifischen Systemen vermeidet.

4. Ausblick

Im Moment sind TK-Anlagen die auf VoIP basieren gegenüber herkömmlichen Anlagen noch deutlich in der Unterzahl. Allerdings war in den letzten Jahren eine deutliche Steigerung der Akzeptanz von VoIP-Systemen festzustellen. Einher gehend mit dem Internetboom Ende der 90er Jahre war die damals noch in den Kinderschuhen steckende VoIP-Technik schon vorschnell als die ultimative TK-Technik für das kommende Jahrtausend angekündigt worden. Schnell stellte sich jedoch heraus, dass die VoIP damals noch lange nicht ausgereift war. Eine schlechte Sprachqualität und geringe Stabilität waren Hauptgründe dafür, dass sich VoIP damals nicht durchsetzen konnte. Durch rasante Weiterentwicklungen auf dem IT-Markt geprägt, konnte sich auch die VoIP-Technik konstant weiterentwickeln, so dass sie heute hinsichtlich der Qualität und Stabilität mit den klassischen Systemen fast gleichwertig ist. Erfahrungsberichte von großen Unternehmen, die den Umstieg auf VoIP bereits vollführt haben, belegen dies.

Grundsätzlich hängt die Entscheidung für oder gegen einen Umstieg auf ein VoIP-System in großem Maße von der Komplexität der Migration ab. Hierbei sind verschiedene Arten möglich. Je nach Voraussetzung (Risikobereitschaft, finanzielle Mittel, Umstieg oder Neueinstieg...) kann zwischen unterschiedlichen Varianten gewählt werden. Bei Neugründungen von Unternehmen oder kompletten Neubauten ist die IP-TK-Anlage gegenüber der herkömmlichen Anlage deutlich im Vorteil. So lässt sich eine klassische TK-Verkabelung gänzlich einsparen, da die LAN-Kabel mitgenutzt werden. Und diese müssen ohnehin verlegt werden.

Aber auch für Unternehmen, die bisher mit einer herkömmlichen Anlage arbeiten, gibt es attraktive Angebote im VoIP-Bereich. So können mit Hilfe so genannter Hybrid-Anlagen bereits bestehende TK-Anlagen VoIP-fähig gemacht werden. Bereits getätigte Investitionen gehen so nicht verloren. Es gibt also durchaus Anreize für einen Wechsel zu VoIP. Nun liegt es an den Herstellern der Anlagen, die letzten Zweifel und Vorbehalte hinsichtlich Sprachqualität und Zuverlässigkeit auszuräumen. Durch intensive Schulungen der Anwender können die Vorzüge der neuen Technik möglichen Kunden vorgestellt und näher gebracht werden.

Dass dies mehr und mehr gelingt, zeigt folgende Zahl der Firma Cisco: Der Anbieter von IP-basierenden Endgeräten hat im Juni diesen Jahres sein zweimillionstes VoIP-Endgerät verkauft. Den Aufschwung zeigt dabei die Tatsache, dass für die erste Million fast dreieinhalb Jahre benötigt wurden, für die zweite lediglich gut ein halbes Jahr.

Alternativ zum Umstieg auf VoIP kann auch die CTI[20]-Technik (auch CIT) gewählt werden: Der Anwender kann hier sein Arbeitsplatztelefon mit dem PC steuern. Im Hintergrund laufen allerdings noch völlig getrennte Kommunikationsschienen: Die Arbeitsplatztelefone sind über die Telefonverkabelung mit der TK-Anlage verbunden. Die CTI-Funktionalität im Netz wird über einen CTI-Server realisiert, der ebenfalls auf die TK-Anlage zugreift und die Steuerung der Telefone via PC ermöglicht. Unabhängig davon operiert der UM-Server im Netz und stellt ebenfalls über die TK-Anlage Verbindungen zum öffentlichen Telefonnetz her.

Bei dieser Lösung entsteht allerdings ein etwas schwerfälliges Nebeneinander getrennter Dienste und unterschiedlicher Kommunikationsstränge, was sich erst durch das Einführen von Voice over IP und einer IP-basierenden TK-Anlage auflöst. VoIP integriert Telefonie und Unified Messaging in einem Netz und bietet damit eine gute Basis für Unified Communication.

Abschließend muss allerdings jedes Unternehmen für sich selbst entscheiden, ob sich ein Umstieg auf VoIP lohnt.

In Zeiten in denen die EDV-Etats immer mehr gekürzt werden, hat es die IP-Telefonie trotzdem geschafft, seinen Marktanteil zu steigern. Dies ist meiner Meinung nach ein deutliches Anzeichen für die Marktreife und Qualität von VoIP. Deshalb denke ich, dass VoIP durchaus eine Technik für die Zukunft der Telekommunikation sein kann.

Glossar:

[1] **(W)LAN:**   (Wireless) Local Area Network; lokales Computer-Netzwerk; handelt es sich um WLAN werden sogenannte Hotspots aufgestellt, über die man sich dann (per Funk) in das LAN einwählen kann.

[2] **H.323:**   VoIP-Standard der von der ITU definiert wurde und eine große Anzahl von Protokollen umfasst; sehr komplex;

[3] **ITU:**   International Telecomunications Union; UNO-Organisation, die Empfehlungen im Bereich der Telekommunikation veröffentlicht.

[4] **QoS:**   Quality of Service; beschreibt die Qualitätsmerkmale einer Fernsprechverbindung. Diese werden dadurch gewährleistet, dass den Sprachdaten eine garantierte Bandbreite zur Verfügung gestellt wird.

[5] **UM(S):**   Unified Messaging (Service); ermöglicht den Empfang von E-Mail-, Fax- SMS- und Voice-Nachrichten über eine gemeinsame Mailbox.

[6] **Roaming:**   bezeichnet die Möglichkeit, mit dem Mobiltelefon zwischen verschiedenen (Mobilfunk-) Netzen zu switchen; ursprünglich für den Gebrauch des Mobiltelefons in ausländischen Netzen gedacht

[7] **Gateway:**   stellt die Verbindung von VoIP-Netzen zu klassischen Netzen her indem es die Protokolle und Adressierungen der verschiedenen Netze übersetzt.

[8] **Gatekeeper:**   verwaltet und verarbeitet die Verbindungsanforderungen und leitet sie an das Gateway weiter.

[9] **PBX:**   Private Branch Exchange (=Nebenstellenanlage)

[10] VPN: Virtual Private Network; sichere (Tunnel-) Verbindung zwischen zwei Netzwerken über unsichere Netze (z.B. Internet); Mögliche Anwendung: gesicherter Zugriff auf das Firmen-Netzwerk über das Internet

[11] TCP: Transmission Control Protocol; Protokoll, das sicherstellt, dass via IP gesendete Daten vollständig beim Empfänger ankommen.

[12] UDP: User Datagram Protocol; leistet keine Fehlerkorrektur bei der Übertragung von IP-Paketen, gewährleistet dafür aber einen kontinuierlichen Datenstrom.

[13] Softclient: Software, die alle Funktionen eines herkömmlichen Telefons umfasst. Meist werden bei Softclients (oder auch Softphones) mehr Komfort-Funktionen (wie z.B. individuelle Anpassung der Oberfläche, Belegung von Tasten mit best. Funktionen...) als bei Tischtelefonen angeboten.

[14] SIP: Session Initiation Protocol; inhaltlich vergleichbar mit der H.323-Norm, allerdings weniger komplex und einfacher zu implementieren.

[15] IETF: Internet Engineering Task Force; ein offenes internationales Gremium bestehend aus Netzwerk-Designern, -Unternehmern, -Händlern und Forschern. Bemüht sich um Entwicklung und Akzeptanz von Internet-Standards und um reibungsloses Funktionieren der Datenübertragung im Internet.

[16] Q.931: wird verwendet zum Austausch von Steuerinformationen zwischen zwei Terminals

[17] RTP: Real-Time Transmission Protocol; zur Übertragung der Sprachpakete verwendetes Protokoll; legt Transportformat und -optionen für die verschienene Codecs fest und vergibt Absender- und Empfänger-angaben sowie eine Sequenznummer an die Pakete

¹⁸ RAS: Remote Access Service; Kontrollkanal, der im H.323-Protokoll zur Kommunikation zwischen den Endpunkten (Terminals, Gateways) und dem Gatekeeper verwendet wird.

¹⁹ URL: Uniform Resource Locator; Adresse unter der ein bestimmter Client in einem Netzwerk erreichbar ist;

²⁰ CTI/CIT: Computer Telephony Integration / Computer Integrated Telephony; Alternative zum vollkommenen Umstieg auf Voice over IP. Die alte TK-Anlage bleibt bestehen und durch einen separaten CTI-Server werden die Telefone mit dem PC verbunden.

Abbildungsverzeichnis:

Literaturverzeichnis:

Bücher:

Köhler, Rolf-Dieter: Voice over IP; 2002

Pott, Oliver; Zapp, Harald: Professionelle IP-Telefonie in der Praxis; 2002

Zeitschriften:

LANline, Ausgabe 10/2003

Computerwoche, Ausgabe vom 06.08.03

Computerwoche, Ausgabe vom 01.10.03

Funkschau, Ausgabe 09/2002

Online-Quellen:

http://www.voip-info.de

http://www.chip.de

http://www.heise.de

http://www.informationweek.de

http://www.swyx.de

http://www.it-academy.cc

http://www.iptelephony.org

http://www.newsolutions.de

Erklärung:

Ich erkläre hiermit, dass ich meine Studienarbeit mit dem Thema

VoIP – Voice over Internet Protocol

selbständig verfasst und keine anderen als die angegebenen Quellen und Hilfsmittel verwendet habe.

....

Ort, Datum   Unterschrift